Jodgor Obid

Berge,
gebt mir euer Herz!

Gedichte

Usbekisch - Deutsch

Jodgor Obid wurde am 15.12.1940 in Taschkent/
Usbekistan geboren.
Er lebt seit 1997 im Exil in Götzis/Österreich.
Mitglied der Civil Rights Defence Society of Central
Asia.
Deligierter von Human Rights Watch/Helsinki
Veröffentlichung zahlreicher Bücher.

Die Gedichte dieses Bandes wurden übersetzt von:
Martha Sever, Sandra Ziagos
Lieselotte Stiegler und Peter Deutschmann

Die Herausgabe des vorliegenden Buches wurde
gefördert von Kultur – Kontakt Austria
Cover: Typo+Grafik, Rene Dalpra, Götzis

Herstellung: Books on Demand GmbH
ISBN 3-8311-3877-X

Бошидан қум сочиб ўкирар саҳро,
Юлдузлар кўз ёшин артиб йиғлар тун...
Ҳасрати кўксига сиғмаган дунё —
Сен - менинг,
Мен - сенинг суратинг бугун.

)

Die Wüste klagt, bedeckt ihren Kopf mit Sand.
Die Nacht weint, streicht Tränen aus den Augen der
Sterne
Den ganzen Schmerz kann diese Welt nicht fassen
Sie ist nur mein und dein Bild.

Қонларга қорилди ҳаёт қаноти,
Тақдирим- армонлар тугилган тугун.
Бу- сўнгги умиднинг сўнгги имдоди:
— Мен Ватанга қайтаман бир кун!

Севси гуноҳ бўлса- гуноҳкор ўзим,
Наҳот ошиқ кетса дунёдан кўзим...
Бўзимда тарғара айтажак сўзим—
— Мен Ватанга қайтаман бир кун!

Руҳ- саҳро гирдоби. Вужудим- олов,
Хамон ҳақиқдадир ҳақлигимдан ёв.
Қанеалар қўймасин қаҳрин қилиб ғов—
Мен Ватанга қайтаман бир кун!

Маҳзунман, шаҳрухман, мағлуб эмасман,
Ул маддоҳ тўдага шансуб эмасман.
Дўст- душман қошида шаҳжуб эмасман...
Мен Ватанга қайтаман бир кун!

Орзуим юлдузи бўлди адолат,
Эзгулик изладим, кўрмадим шафқат,
Сақлаб кўксим аро меҳрини фақат—
Мен Ватанга қайтаман бир кун!

Танишга олурман тақдир зарбини,
Аллоҳдан сўрарман халқим дардини,
Суртгали кўзимга ҳоки гардини—
Мен Ватанга қайтаман бир кун!

Die Flügel meines Traumes sind von Blut bedeckt,
Und all mein Schmerz verknotet sich zu meinem
Schicksal.
Dies ist mein allerletztes Wort der Hoffnung,
Doch eines Tages kehre ich in mein Land zurück.

Wenn Liebe Sünde ist, bin ich ein rechter Sünder.
Muss ich von dieser Welt mit offenen Augen gehen?
Mein letztes Wort droht mir die Kehle zuzuschnüren
Doch eines Tages kehre ich in mein Land zurück.

Ein Sandsturm tobt in meinem Geist, mein Körper glüht.
Für meinen Feind bin ich Gerechtigkeit. Aus Angst
Legt er mir zitternd schwere Steine in den Weg.
Doch eines Tages kehre ich in mein Land zurück.

Man hat mich oft verwundet und enttäuscht, doch nie
vernichtet. Untertänig will ich niemals sein.
Vor Freunden und vor Feinden muss ich mich nicht
schämen.
Und eines Tages kehre ich in mein Land zurück.

Gerechtigkeit, du bist ein Stern in meinen Träumen.
In meinem Kampf um dich hat man nie geschont.
Doch diese Liebe bleibt ein Leben lang in mir,
Und eines Tages kehre ich in mein Land zurück.

Бир қўлимда қуёш,
Бир қўлимда ой.
Бошим узра тутган юлдузлар,
Борлиқ борлигидан
Топади жой,
Борниқ борлигидан мазмунин излар.

Орзулар коинот
Сингари гексиз,
Самовий нурларни терор дейлик,
Сомон йўлларида
мен қолдирган из,
Киммитим билдингино, азим авлодим!

Яшадим, курашдим,
Орзулар қилдим,
Ясимга дўлопдим мен дон донмафов.
Бутун умрим дўи
Сенга интилдим...
Аммо мен... бугуннинг одами холос...

Киммитим билдингино
Навс авлодим,
Бир қўлимда қуёш,
Бир қўлимда ой,
Хўнтним тўла орзу, умид, дейлим...
Балки сен берурсан уларга чирой!

In einer Hand die Sonne
In einer Hand den Mond
Über meinem Kopf nur Sterne
Die weite Welt erkundet Räume
In meinem Körper sucht sie Sinn.

In grenzenlosen Träumen
füllen die Gedanken sich mit Licht
Auf der Milchstraße spüre ich meinen Schritt
Könnt ihr mich verstehen?
Ihr, im Wendekreis der Zukunft.

Gelebt, geträumt, gekämpft auf Frist
Aus meiner Zeit schöpfte ich den Atem
und dachte doch an alle Morgen.
Könnt ihr mich erahnen?
Ihr, im Wendekreis der Zukunft.

In einer Hand die Sonne
In einer Hand den Mond
Im Geiste beide Hände voll mit Hoffnung
Vielleicht macht ihr es schöner?
Ein Leben im Wendekreis der Zukunft.

Маҳшум тун қанотин ҳартомон суриб,
Фақат ўз ҳукмини даъво қиларкан—
Мен шўрлик бошимни тошларга уриб,
Адолат юлдузин излаб юрибман...

Қайда у? Борми у? сўроқлаб топдим.
Умримни сарф этдим. Этаберарман.
Машруҳлик заҳмидан қартайиб қолдим,
Наҳот кўзим очиқ кетаберарман...

Кўксимни ўядир туннинг шарпаси,
Қўрқаман, орзулар қолмоқда етим.
Сўлидан адашган дўстлар, қайдасиз?
Келинг, ҳеч бўлмаса қабримга этинг...

Токи ер қаърида тан топғай ором,
Руҳим беозвтадир. Уни тарк этар.
Гуллар уфоригга қоришиб мудом—
Адолат юлдузин ахтариб кетар...

Mit schwarzen Flügeln senkt sich die Nacht
und besteht auf ihrem Recht
Hilflos schlägt mein Kopf an einen Stein
auf der Suche nach dem Stern der Gerechtigkeit.

Wo ist er ? Gibt es Ihn ?
Der Frage bin ich leid.
Von Schlägen verwundet, opferte ich ihr mein Leben.
Muss ich als Suchender diese Welt verlassen ?

Nachtschatten bohrt sich in mein Herz
Ich habe Angst, dass meine Hoffnung eine Waise bleibt.
Wo, Freunde, ist der Weg, den ihr verloren ?
Kommt, gebt mir Geleit ins Grab.

Vielleicht finde ich in der Erde Ruhe
Mein Geist ruht nicht, er verlässt den Körper
vereint sich mit dem Duft der Blumen
um so den Stern der Gerechtigkeit zu suchen.

Дастбанд совуқ, қизим, занжири оғир,
Занжири оғир, қизим, ҳалқалар совуқ.
Ҳалқалар совуқ, қизим, кўнларим оғир,
Кўнларим оғир, қизим, қонларим увуқ.

Оёғим боғлиқ, қизим, кўзларим боғлиқ,
Юрагим доғлиқ, қизим, кўксимда куюк.
Кўксимда куюк, қизим, бўйним сиртмоғлиқ...
Бўйним сиртмоғлиқ, қизим, ҳаёлим сўнук.

Ҳаёлим сўнук, қизим, ўйларим-армон,
Ўйларим-армон, қизим, қовурғам синиқ.
Қовурғам синиқ, қизим, томоғимда қон,
Томоғимда қон, қизим, шунгалар илик...

Шунгалар илик, қизим, хотирдаги руҳ,
Хотирдаги руҳ-қизим пиёла тутар.
Пиёла тутган қизим, исонмайман, уҳ...
Исонмайман, уҳ, қизим, лабларим титрар.

Kalt ist die Fessel, meine Tochter, die Kette schwer
Schwer ist die Kette, meine Tochter, jedes ihrer Glieder
kalt
Kalt ist jedes ihrer Glieder, meine Tochter, und an den
Händen Schmerz
Schmerz ist an den Händen, meine Tochter, erstarrt
mein Blut.
Gefesselt meine Füße, meine Tochter, verbunden meine
Augen
Mein Herz verwüstet, meine Tochter, ein Brandmal in
der Brust
In der Brust ein Brandmal, meine Tochter, ein Strick um
meinen Hals
Um meinen Hals ein Strick, meine Tochter, schwarz sind
die Gedanken
Schwarz sind die Gedanken, meine Tochter, voll Trauer
ist mein Denken
Mein Denken ist voll Trauer, meine Tochter, gebrochen
meine Rippen
Meine Rippen sind gebrochen, meine Tochter, in der
Kehle klebt das Blut
Blut klebt in der Kehle, meine Tochter, noch ist es
warm.
Noch ist sie warm, meine Tochter, die Erinnerung im
Geist. Die Erinnerung reicht mir die Schale, meine
Tochter. Sie reicht mir die Schale, meine Tochter, ich
kann nicht trinken

Лабларим титрар, қизим, аламлянар сўз,
Хапптанар сўз, қизим, соғинчлар бўлиб.
Соғинчлар бўлиб, қизим, юмилмайдир кўз,
Юмилмайдир кўз, қизим, умидлар тўлиб...

Nicht trinken kann ich, meine Tochter, meine Lippen
zittern.
Es zittern meine Lippen, meine Tochter, zu Schmerz
werden Worte
Worte werden zu Schmerz, meine Tochter, zu
Sehnsucht werden sie
Zu Sehnsucht werden Worte, meine Tochter, meine
Augen bleiben offen
Offen bleiben meine Augen, meine Tochter, noch voll
Hoffnung
Noch voll Hoffnung, meine Tochter.

* *
  *
 *

Денгизга ташлайман
Кўзимни...
Денгизга ташлайман
Сўзимни...
Денгизга отаман
Ўзимни...
Денгизнинг бағри кенг.

Meine Blicke
werfe ich ins Meer
Meine Worte
werfe ich ins Meer
Mich selbst
werfe ich ins Meer
Nur ein Meer
hält das aus
Nur ein Meer
kann mich ertragen.

* *
*

ТОҒЛАР, БЕРИНГ ЮРАГИНГИЗ.

Бағрингизда ўйнаб-ўсдим, дард кўрмадим,
Нафас олдим тиниқ-тиниқ ҳаволарда.
Тиниқ-тиниқ ҳаволардай туйғуларим-
Тиниқ тортиб тўлди тиниқ наволарга.
Наво тўла туйғуларим сизга бўлсин,
Қувончларим ўраб қўяй бошингизга.
Сиздан қалбим наволари минг ўргилсин,
   Битта армон билан келдим қошингизга...
   Тоғлар, менга берсангиз бас юрагингиз!

Олам кезиб, олам-олам хавас топдим,
Давримизнинг қанотида этдим парвоз
Орзуларнинг уммонида қулоч отдим,
Қалбим тўла ҳаёт ишқи ва эҳтирос...
Курашлардан чекинмадим кўкрак кериб
Эзгуликлар қучоғига очдим қучоғ.
Руҳим баён этди лафзи ҳалол шеърим,
   Аммо у ҳам ожиз бўлиб қолди ногоҳ...
   Тоғлар,менга берсангиз бас юрагингиз!

Мен яшадим одамларга ёндош бўлиб,
Сайёралар аро кезди ҳаёлларим.
Ўкинмайман, Тақдирим ҳам боқди кулиб,

Berge, gebt mir euer Herz

Bei euch wuchs ich auf und atmete euren Atem
Ich kannte kein Leid, war wie eure reine Luft
Wie eure reine Luft und meine Gefühle-
Fühlte mich leicht, und meine Seele füllte sich
Euch lass ich meine Gefühle, voll mit klaren Melodien.
Meine Freuden sollen euer Haupt bekränzen
Meine Melodien tausendmal ein Opfer.
Nur eine Bitte habe ich...
Berge, gebt mir euer Herz.

Ich wanderte durch die Welt, war voll der Hoffnung,
Flog auf den Flügeln unserer Zeit,
Schwamm voll Genuss im Meer der Träume,
Meine Seele - erfüllt von Liebe zum Leben und
forschendem Drang.
Ich wich dem Kampf nicht aus und bot dem Unglück
die Stirn.
Mit offenen Armen strebte ich dem Guten zu
Meine ehrlichen Verse sprachen über mein Seelenleben.
Doch plötzlich waren auch sie ohne Kraft...
Berge, gebt mir euer Herz.

Ich lebte mit den Menschen Schulter an Schulter
Und meine Gedanken streiften durch die Welt der
Sterne.
Ich bedaure nicht. Das Schicksal schaute mit einem
Lächeln auf mich.

Ватаним бор, Элатим бор, ошноларим...
Армони йўқ йигит эдим, тўкди армон-
Юрагимга бир гўзалнинг қарашлари.
Севгимни рад этса ҳолим бўлур ёмон,
    Ўғлингизман, умид билан сўз ташладим...
    Тоғлар, менга берсангиз бас юрагингиз!

Неча минг йил бўлди, сизлар тўкиб виқор,
Юксаклардан кузатасиз бизни ҳайрон,
Мана бизлар. Курашларда, ишда девкор,
Бир кўнгилни ололмасдан кўнгли вайрон...
Тоғ юракли йигитларни севармиш - ул,
Шарти шундай эмиш.Кўплар шунданмиш лол.
Кўнглим сиздай ўсар эди қўйса кўнгил.
    Гар қуймаса бир йигитнинг умри завол...
    Тоғлар,менга берсангиз бас юрагингиз!

Бир ақида эшиттандим қадим-қадим,
"Тоғ юрагин топган етар тилагига."
Мен ҳам умид билан келдим. Қатъий аҳдим.

Ich habe eine Heimat, habe mein geliebtes Volk und herzliche Freunde.
War ein sorgloser junger Mann, aber plötzlich goss der Schmerz mir
den Blick eines schönen Mädchens ins Herz.
Verwehrt sie mir ihre Liebe,
bricht mir mein Herz.
Ich bin euer Sohn. Aus Hoffnung wende ich mich mit meinen Worten an euch...
Berge, gebt mir euer Herz.

Wieviele Jahrtausende vergingen - ihr zeigt Stolz
von der Höhe schaut ihr verwundert auf uns.
Das sind wir - im Kampf, in der Arbeit stark.
Nicht imstande, den Weg zu einem Herz zu finden,
gehen wir im Inneren zugrunde...
Ich habe gehört, dass sie nur junge Leute mit Bergherz begehren.
So wollen sie es. Viele sind hilflos ob dieser Bedingung.
Meine Seele wäre hoch gewachsen wie ihr, wenn sie mir ihre Liebe schenkt.
Wenn sie ihre Liebe nicht schenkt, ist das Leben eines jungen Menschen verloren an...
Berge, gebt mir euer Herz.

Vor langer Zeit habe ich über einen Brauch gehört
„ Wer das Herz eines Berges findet, dem werden sich alle Wünsche erfüllen."

Виқор сизга бўлсин. Виқор нима менга...
Майли осмон бошин эгсин бошингизга,
Юлдузларнинг илк жилоси сизга қолсин.
Хатто ҳавас қилмам узоқ ёшингизга,
Фақат битта эҳтиросли илтимосим -
Тоғлар, менга берсангиз бас юрагингиз!

Auch ich bin zu euch mit Hoffnung gekommen. Meine
Absicht ist fest.

Der Stolz, die Größe sollen euch gehören.
Was sind für mich Stolz und Größe...
Auch der Himmel neige über euch sein Haupt,
Auch das erste Lächeln der Sterne soll euch bleiben.
Sogar um euer langes Leben beneide ich euch nicht -
Nur eine große Bitte habe ich -
Berge, gebt mir euer Herz!

* In Usbekistan werden mutige Menschen als Menschen mit
Bergherz bezeichnet,
unbarmherzige Menschen als Menschen mit Herz aus Stein

Кўз ўнгимда - занжирбанд хаёл,
Кўз ўнгимда - титраётган жон...
Машрух вужуд - инграб бир савол,
Машрух умид - энг сўнгги имкон.

Соғир туйғу, ўйлар ҳам соғир,
Бунга тақир бўзлаган кон.
Насиб экан, шу экан тақдир...
Тақдир бўлиб қололган имон.

Ватан, меннан ўртанган вужуд,
Осмонингда туйғулар сарсон.
Орзулар ҳам тентир бехудуд,
Ўтга уриб ўзин беомон...

Хаёлимда бир қултум нафас,
Бир қултум эрк сен учун бу он...
Наҳот сен ўз-ўзингга қафас,
Мен - ўзингман. Мен ахир Турон.

Vor meinen Augen - Träume in Ketten
Vor meinen Augen - zitternde Seelen
Verletzte Körper - stöhnende Fragen
Als letzte Möglichkeit - die verwundete Hoffnung.

Zu Waisen werden Gefühle und Gedanken
Sie kleben wie bitteres Blut in der Kehle
Dunkel sind die Tage - die Nächte schwarz
Mein Schicksal bleibt nur das Gewissen.

Ein ausgebrannter Körper bin ich für die Heimat,
an deren Himmel sich das Leid verirrt
Über Grenzen fliehen alle Träume,
um im eigenen Feuer zu verbrennen.

Für dich, mein Land, möchte ich atmen
Dich, mein Land, will ich in Freiheit sehen
Du bist in deinem Käfig
Und ich bin du, bin deine Seele, Turan.

Кел, дўстим, дардлашиб ойойлик,
Зора енгил тортсак. Ёзилса кўнгил.
Кетмайлик. шу ерда қолайлик.
Наре кудрабди. уйкуда соҳил.

Эркаланиб бораётир ой.
юлдузлар жим. ҳаёндок ҳаром.
Бизга насиб этмиш бу оҳрой...
Шукур килгин шуниси га ҳам.

Юртинг қайда? айнай кўзлон.
ҳаммамизнинг зрур бу дунё.
Талашганлар кентирган завол-
Ўртанизда тентирок нидо...

Хар ернинг бор гўзал ўлкаси,
Ойи-ёруг. Юлдузи-ёруг...
Ямио оҳриқ сотика кўлкаси-
Нўтароплай судралади руҳ.

Кетма, кел, шу ерда қолайлик,
ҳақешоб тонг отар ва ахдор қуёш.
Ёрдин сукукатдан боҳра олайлик,
Ёрдин ой, юлдузга бўлайлик сирдош...

Komm, mein Freund, teilen wir unseren Schmerz
Vielleicht wird unsere Seele dann erlöst
Geh nicht, verweilen wir in diesen Raum
Es strömt der Fluss - das Ufer schläft.

Zärtlich zeigt sich der Mond
Die Sterne schweigen, weit schweifen die Gedanken
In die Hände legt uns Gott ein Wunder
Wir können staunen und zufrieden sein.

Wo ist dein Land? Du kannst es nicht sagen,
denn für uns alle ist die Welt.
Starre Grenzen zieht des Menschen Habgier
Nun wandert zwischen uns die Klage.

Schönheit findest du in allen Ländern
Der gleiche Mond - die gleichen Sterne überall
Doch unter einem Sehnsuchtsschatten voller Schmerz
beginnt der Geist zu kriechen.

Gehe nicht, verweilen wir in diesem Raum
Schon keimt in der Dämmerung ein neuer Tag
Geborgen in dieser friedlichen Zeit,
teilen wir mit den Sternen die stille Wahrheit.

Чайқалади кун,
Чайқалади тун —
Юлдузларни ҳафтида уйнаб.

Киприклари қуп,
Оз сови махзун —
Ой тақдирлар эртасин сўйлар.

У хом тақдир,
Тун, ҳеи, ёқир,
Чайқотсонеи ҳафтингда уйнаб...

Sanfte Wasserringe über dem See
Ein blauer Nebel in der Nacht
spielt mit Sternen in der Hand.

An den Wimpern Tränentau
Der Mond mit weißem Silberhaar
erzählt ein Schicksalsmärchen.

Still lauscht der Fels
und mit erstauntem Blick
fühlt er die schweigende Umarmung.

Leben - Schicksal
Nacht, du Nacht,
spiel noch einmal
mit den Sternen in der Hand!

Қабристон қушлари

Тош- оғир. Тош- совуқ. Тош- бежон.
Йиллар ўтган сайин нурайберади.
Кимларнинг шакли бу: сағирми, султон-
Қушларга барибир. Сайрайберади.

Вужуд- ер қаврида. Руҳ қайда саргон...
Тош кўзин ўргимчак ўрайберади.
Сассиз нидоларни босса ҳам ҳозон-
Қушларга барибир. Сайрайберади.

Одамлар келади йўқлаб ҳар замон,
гоҳ эслаб, гоҳ эснаб жўнайберади.
Ўзи шундай бўлгач аслида инсон-
Қушларга барибир. Сайрайберади.

Уларнинг қабри йўқ. Йўқ сўнгги макон,
Дунёдан кулгандай хирайберади.
Бу ер ҳайкалзорми ёки қабристон-
Қушларга барибир. Сайрайберади.

Friedhofsvögel

Wie schwer, wie kalt, wie leblos sind die Steine,
Und mit der Zeit verwittern sie. Wem gilt
Das Denkmal? Einem Sultan? Einem Waisen?
Die Vögel singen. Ihnen ist es gleich.

Der Körper schläft. Die Seele zieht umher...
Die Steine sind von Spinnfäden umwoben.
Auf ihren stummen Schreien welke Blätter.
Die Vögel singen. Ihnen ist es gleich.

Und Leute kommen und gedenken ihrer
Verstorbenen, erinnern sich und stöhnen,
Und manchmal gähnen sie aus Langeweile.
Die Vögel singen. Ihnen ist es gleich.

Sie haben keine letzte Ruhestätte
Und lachen, scheint`s nur über diese Welt.
Ein Garten voller Denkmäler, ein Friedhof...
Die Vögel singen. Ihnen ist es gleich.

Юлдузларга боқма, жоним, юлдузлар—
Биздан қачон йироқдадир, йироқдир.
Юлдузларга боқма, жоним, юлдузлар-
Мўлтиллашиб, ўргатгани йироқдир.
Юлдузларга боқма, жоним, юлдузлар-
Йироқларда қотиб қолган сўроқдир.
Юлдузларга боқма, жоним, юлдузлар—
Тақдир эмас, ҳароратсиз чироқдир.

Heb deinen Blick nicht zu den Sternen, Liebste
Denn viel zu weit sind sie von uns entfernt.
Heb deinen Blick nicht zu den Sternen, Liebste
Sie lehren traurig flimmernd uns, was Trennung heißt.
Heb deinen Blick nicht zu den Sternen, Liebste
Was Trennung heißt, voll kalter, dunkler Fragen.
Heb deinen Blick nicht zu den Sternen, Liebste
Nicht unser Los sind sie, nur kaltes Licht.

Эрк туткуни

Нафас оғир. Ҳаёт ҳам оғир.
Совуқ дастбанд. Таниш манзара.
Насиб экан - кўришдик оҳир...
Салом сенга, темир панжара.

Кўринмайдир осмон, ой, қуёш,
фақат ҳасрат ва нафрат йўлдош.
Девор ҳам тош. Юраклар ҳам тош...
Салом сенга, темир панжара.

Совуқ кўзлар. Таъқибли кўзлар:
Совуқ сўзлар. Таҳдидли сўзлар.
Кўнгил бузлар. Оҳ, ёмон бузлар...
Салом сенга, темир панжара.

Ёвуз кучлар зўр келди бугун,
замон кўзи кўр келди бугун,
кўргилигим хўр келди бугун...
Салом сенга, темир панжара.

Юртим дедим, интониб суйдим,
ҳақ нурини бағримда туйдим,
элимга эрк изладим, куйдим...
Салом сенга, темир панжара.

Умид бўлиб тўлғонади тун,
тун бағрида ёрлағувчи ун-
"мен сенгамас, орзуға туткун..."
Салом сенга, темир панжара.

Gefangener der Unfreiheit

Der Atem schwer. Und schwer auch die Gedanken.
Die Handschellen so kalt. Und unausweichlich
Das Schicksal. Wieder hier...Das alte Bild.
Ich grüße euch, vertraute Gitterstäbe.

Von Himmel, Mond und Sonne nichts zu sehen,
Nur Schmerz und Hass sind hier meine Gefährten.
Die Wand aus Stein. Und auch mein Herz aus Stein.
Ich grüße euch, vertraute Gitterstäbe.

Die bösen Kräfte waren heute stärker,
Des Schicksals Augen waren heute blind.
Mit Füßen wird mein Leben hier getreten.
Ich grüße euch, vertraute Gitterstäbe.

Wie glühend liebte ich mein Land, doch gibt
Es sicher noch ein höheres Gesetz.
Man sperrt mich ein, weil ich nach Freiheit suchte...
Ich grüße euch, vertraute Gitterstäbe.

Die Nacht bringt Hoffnung, und in ihren Armen
Höre ich geheimnisvolle Stimmen rufen.
Gefangen bin ich nur in meinen Träumen.
Ich grüße euch, vertraute Gitterstäbe.

Ҳаётни кўраман—
Ўлимнинг кўзига қарасам.
Ўлатни кўраман—
Ҳаётнинг кўзига қарасам...

In den Augen des Todes
sehe ich das Leben lachen
In den Augen des Lebens
lacht der Tod.

Бир япроқ узилди. Бир япроқ —
Бутоқдан айрилди шу замон.
Бир япроқ узилди. Бир япроқ —
Чарх уриб бормоқда ер томон.
Бир япроқ узилди. Бир япроқ —
Орзудек парпирар хиромон.
Бир япроқ узилди... У япроқ —
Хазонлар бағрида бир хазон...

Ein Blatt fällt. Ein Blatt
nimmt Abschied vom Ast.
Ein Blatt fällt. Ein Blatt
irrt umher, fliegt zur Erde.
Ein Blatt fällt. Ein Blatt
spielt verträumt im Licht.
Ein Blatt fällt. Ein Blatt
bald Laub im Laub.

Офицерлик Гертруда левиссони
хоним сўзлари

Тушига тақдирим қўшилган
Бу йўллар ҳаёлдек маҳзундир.
Мўлдироқ юлдузлар тушанган
Онгани умримдек узундир.

Кезаркан бағримга гоҳи-гоҳ
Юлдузлар тўлдириб отаман.
Ўзим ҳам меҳрига тўлган гоз-
Юлдузга айланиб қоламан.

Умримнинг излари тушанган
Бу йўллар орзудек узундир.
Қар тоши эртаклар қўшилган
Меҳрдир, сеҳрдир, мавзундир...

Кезаркан гоҳ саҳар, гоҳ оқшом
Этаклаб эртаклар ялтанан.
Сеҳрига берилиб ўзим ҳам-
Эртакка айланиб кетаман.

Für Gertrude Devigili

Auf Wegen liegt das Schicksal,
gelebtes und geträumtes Land
Sehnsüchtige Blicke streuen Sterne
auf den Pfaden eines langen Lebens.

Manchmal auf Wanderwegen
sammle ich Sterne in meinen Armen
Erfüllt von ihrem Zauber,
werde ich so selbst zum Stern.

Über die Spuren meines Lebens
ziehen endlose Träume
Mit Märchen vermählt sich jeder Stein,
mit Liebe, Zauber und Legenden.

Manchmal in frühen Morgenstunden
wandere ich mit Bildern in den Armen
Sie nehmen zärtlich meine Hand
und führen mich ins Märchen...

Диктатор кўппак ҳақида
баллада

Тақдир тақозоси шундай бўлибди,
Бойди ит бошита ҳумо қўнибди.

Дунёнинг ишлари гоҳо ажибдир,
Энди у шоҳ эрур. Амри вожибдир.

Юрт ҳайрон. Аммо сўз дейишга тоб йўқ,
Жимгина бош эгар. Савол-жавоб йўқ.

Бир тўда қизил ит турди ношида,
Юрса - юрди, турса - қурди ношида.

Кўрдики, шоҳлик ҳам бинойидек иш,
Мамнун иршнади ва кўрсатди тиш.

Гарчи биннасада ҳеским зотини—
"Бош кўппак" қўйдилар сийлаб отини.

Сўнагин артдилар. Кийдирдилар тож,
Обстурхон ёздилар. Келтирдилар ош.

Кўрдики, хитойи синнидан табоқ—
Тингшафи: "кўқотинг, келтиринг маош."

Die Ballade vom steunenden Hund,
                    der Diktator wurde

Durch den Wunsch des Schicksals geschah es:
Auf den Kopf eines streunenden Hundes setzte sich der
Vogel Chuma...

Von Zeit zu Zeit geschehen solche wunderbaren Dinge.
Jetzt ist er König. Sein Wunsch ist allen Befehl.

Das Volk ist verwundert, aber es würde nichts sagen.
Schweigend senkt es sein Haupt. Ohne Antwort bleiben
stumme Fragen.

Eine Schar roter Hunde steht ihm zu Diensten.
Wenn er springt, springen sie. Wenn er heult,
heulen sie.

Er verstand, dass es gar nicht so schlecht ist, König zu
sein.
Da brummte er zufrieden und zeigte die Zähne.

Obwohl niemand weiß, woher er kam, wer er ist -
Mit Ehrfurcht nennen sie ihn „Oberster Hund".

Sie wischen den Speichel von seinem Maul und setzen
ihm die Krone aufs Haupt.
Sie decken die Tafel und bringen Plov.
Er sieht die Teller aus chinesischem Porzellan,

(Қачон у бошига тожни олибди—
Балодек тили ҳам чиқиб қолибди.)

Барча таъзим қилиб қаддини букди,
Ошни юлғунчидай яноққа тўкди.

Ит маннун кулоги остин машподи,
Атрофга шоҳона назар ташлади.

Тиртиқ пунчин шошиб яноққа урди,
„Бошлонглар" дегандай орқига қурди.

Шунда базми „дов"нинг етишди гали,
„Ув"тортиб ўртага кирди Қонгали.

Раққоса қанжиқлар ўйнатдилар дум,
Шоҳ сулак сачратиб айлади кукм.

Деди: „Биз итлармиз, итлик қилурмиз,
Итликни энг олий унвон билурмиз.

Кизил ит удмидир роҳи саодат,
Буғундан ит удмин тутсин шаллакот.

Мен шоҳман, демакни деганам деган,
Истасам сизни ҳам етоним еган.

knurrt unzufrieden:"Nehmt es fort und bringt einen Hundenapf."
(Als er die Krone auf's Haupt setzte,
konnte er - ob ihr es glaubt oder nicht - wie ein Mensch sprechen)

Alle um ihn herum verbeugten sich mit gekrümmten Rücken,
den Plov wie Abfall schütteten sie in den Hundenapf.

Der Hund war zufrieden und
kratzte sich hinterm Ohr
und würdigte sie mit königlichem Blick.

Mit der Schnauze fraß er aus dem Napf,
„Fangt an", brummte er still.

Da konnte das „Wof"-Essen beginnen,
„Uouo"- wollte ein Esel singen.

Die tanzenden Hündinnen wedelten mit den Schwänzen,
mit Speichel um die Lefzen gab der König die Befehle.
„Wir sind Hunde und werden wie Hunde handeln.
Hundsein wird die höchste Ehre sein."

Was die roten Hunde tun, ist der Weg zum Glück.
Vom heutigen Tag an soll sich das ganze Land dem
Gesetz der Hunde beugen.

Ким бизни мадҳ этса зўр инъом олгай,
„Ничондор хизмат итдеган ком олгай".

Юртда бир гап бўлса, газета бошланди,
Олий инъом учун дарра бошланди.

Бир-бирин урганлар, отганлар қанча,
Турганлар, сурганлар, сотганлар қанча.

Ким зиндон, ким ошкор қутурди муш,
қуллас, издан чиқди ўлкада турмуш.

Қаерки бир-бирига осилайди қулоқ,
ҳаваси-ничондор итликдир мутлоқ.

Бошиб бу ишларга бирнеча киши
Деди: „кўп гапотдир кўппакнинг иши".

Туппа-тузук элни издан оздирди,
Орага фитнаю, итоб ёздирди.

Нечи хумой элас, одми бир кузгун
Кўмтанди кўтир ит устига у кун.

Афсона элас бу. Ўзим гувоҳжон,
Ўша ит сабабли юртдан узоқжон.

Юракдан ўргониб дейман қарғамон—
Итга қолган кунинг қурсин, Туркистон !

Wir sind der König, unser Wort ist Gesetz.
Wenn wir wollen, können wir euch fressen.
Wer uns lobt, wird belohnt,
wird Träger des "Roten Hundes" sein.
Im Land entstand Bewegung, ja Unruhe,
alle Menschen wollten diesen Titel.
Wie viele Leute, die einander schlagen und erschießen,
einander stoßen und drängen, einander verkaufen.
Manche versteckt, manche mit erhobener Faust,
das Leben im ganzen Land war Chaos.
Niemand hört auf den anderen,
alle wollen nur ihn - den Titel.
Einige Leute verstehen:
„Wie erstaunlich ist doch das Hundeleben."
Einem ganzen Volk verdreht man den Kopf,
man sät Verrat und tötet mit dem Wort.
Aber es war kein Chuma,
sondern eine gewöhnliche, hungrige Krähe auf seinem
verlausten Hunderücken.
Das ist kein Märchen, ich selbst bin Zeuge,
wegen diesem Hund bin ich heute fern der Heimat.
Manchmal spreche ich mit brennendem Herzen:
Wie schade, mein Turkestan, dass dein Geschick von
einem Hund abhängt!

Осмонларни яксон қиламан.
Юлдузларни сарсон қиламан.
Тоғларини отиб тоғларга
Борлиғини вайрон қиламан.
Адолатга ўғай бу дунё —
Бағрин тилиб тийрон қиламан.
Сўз-дабримни сочиб хартомон —
Ҳасад ақлин ҳайрон қиламан.
Тиғдек суриб қуёш қаламим —
Анам отлиғ достон қиламан...

Ich möchte den Himmel zerstören
Die Sterne auf Irrwege bringen
Ich möchte Berge umwerfen
Mit Recht möchte ich alles vernichten
Diese Welt mit ihrer Gerichtsbarkeit
möchte ich schneiden und jagen wie ein Tier
Giftige Worte möchte ich streuen
und die Neider in Staunen versetzen
Die Feder, meine Sonnenfeder nehme ich in die Hand
und schreibe mit Schmerz mein Schicksal.

Эшикдан нурлар бетона чушук,
Тундироқ кузида нулдироқ забол.
Қарайман. Қарайди. Сертах ла уксук.
Титрайман. Титрайди. Вужуди забол.

Совуқ ҳона буйлаб ойланар фақат—
Оғир хорғинликнинг оғир нафаси.
Ҳатто шу шурликка ҳиламайди шафқат
Ёлғуз ёлғизликнинг ёлғуз шарпаси...

Эвилтан қайда эзгин чиғолар,
Эзгин чиғоларда ҳазин бир ижод:—
Тандир этагидан тутган болалар—
Сенингдир. Менингдир. Уюқ уруғ намот.

Нурлим, кел, бошингни силарман ёвош,
Ёвош-ёвоштина қилурман қасрат.
Мен ҳам бу суниқда сен каби балош...
Ҳаётдан кутмаган, курмаган шафқат.

Уксинма, кун ҳали тугатани уюқ,
Ҳали юмиламаган умидвор кузим.
Улмайдик умиди улганлардан нуруғ,
Умиди улганлар антламас узим.

...Хаёлим қасратим синғари уксук—
Эшикдан нурлар бетона чушук.

An der Türe eine fremde Katze
Mit Schwermut in den Augen
Ich blicke sie an, sie spitzt die Ohren
Wir zittern beide.

Kalt ist es im Zimmer
Schwerer, träger Atem irrt umher
An der Wand bedrohlich die Schatten der Einsamen
Ohne Mitleid auch für diese Katze.

Kraftlos spielen die Gedanken mit verlorener Illusion
Mit verlorener Illusion und Demut in der Stimme
Unser Unglück liegt im Schoß des Schicksals
Deines und meines, rettungslos erscheint es uns.

Komm. lass dich berühren
Beweinen wir leise unsere Trauer
Wie du bin ich auch zügellos
und erwarte keine Gnade.

Sei nicht betrübt, noch nicht zu Ende ist der Tag
Noch brennt in meinen Augen Licht
Sei ohne Angst, nur die Hoffnungslosen meide,
denn diese sind verloren für die Welt.

...Wie betrübt mich dieses Bild -
an der Türe eine obdachlose Katze.

Умр бўйи ошиқамиз мусофир,
Умр бўйи уфқларни кузлаймиз.
Интилишлар эври экан бу эр...
Юксаклардан, юлдузлардан сузлаймиз.

Галактика торлик қилар қуёшга,
Сайёралар орзу бўлиб порлайди.
Қаёт бизни кўчиб тошлар сабога,
Сабо бўлиб сомон ули эрлайди.

Шундай утар умримиз қам эримиз,
Излаб турли нуқималар эорасин.
Бошқа ул йўқ. Биз эрга тақдиримиз,
Тақдиримиз эр ва қуёш орасин.

Қали кўп кун эрда, эококиз бўшлиқда.
Қали кўпдир ёниб турган сабоқлар,
Суз излаймиз айтилмаган қучиққа,
Қучиқ сўнгги нуқтасига қавоқлар.

Қайбирига уятурамиз, қайбирин—
Поэёрига откизолмай кетамиз.
Қай бириси олдда қолар ашириқ,
Қай бирини келажакка ултамиз.

Интилишлар эри экан бу эр
Умр бўйи интиламиз, излаймиз,
Қарқалай ўз эримизда биз тақдир...
Юксаклардан, юлдузлардан сузлаймиз.

Das Leben lang auf einer Suche
Das Leben lang Bewegung hin zum Horizont
Unsere Zeit ist eine Zeit des Strebens
Über die Welt und Sterne sprechen wir.

Die Galaxis - zu begrenzt für unseren Traum
Wie unsere Wünsche brennen die Planeten
Unser Leben liegt begraben unter Fragen
Die Sterne sind noch eine Antwort schuldig.

So läuft die Zeit durch Leben und Geschichte
auf der Suche nach dem Sinn versteckter Lösungen
Kein anderer Weg - wir sind das Schicksal unserer Zeit
Wir sind unser Los zwischen Sonne und der Erde.

Es gibt noch viel zu tun auf dieser Welt
Noch brennen Fragen im grenzenlosen Raum
Noch suchen Worte eine Melodie
Noch verlangt das Lied nach einem Punkt.

Manches ist ein Fortschritt
Vieles ist noch unvollkommen
Manche Träume und Gedanken bleiben im Versteck
Manches führen wir in eine Zukunft.

Unsere Zeit ist eine Zeit des Strebens
Das Leben lang auf einer Suche
Wir sind das Schicksal unserer Zeit
Über die Welt und Sterne sprechen wir.

Болам ва онам

Ичкари кираман. Бағишли шеър-
Ирфонли қизғинам учар тақшаниб.
Тонгдори тиққаном. Коинот ва ер-
Борлиғим тортади кўзга ташланиб.

Нотинч туюлади замин ва замон,
Ўрганган юрагим тортади сергак.
Аммо шакарига кўзим тушган он-
Онам кўринади ухлаб қолгандек.

Болам ўз онасин. Беғубор онам,
Енгил нафас олар уйқуда хулиб.
Онам бўлса эди нисоли болам,
Болаига боқсайди табассум қилиб...

Болаига отасан. Онасига фарзанд,
Иккисин дардида бағрим ёнади.
Бироз нотинч бўлса- юрагимда дард,
Бироз шодлигидан кўнглим қонади.

Ичкари кираман. қизғиноим уйғоқ,
Энажиси гулларин кўзар тақтиниб.
Мен уни онасига ятаман шундоқ-
Боқсин бир- бирига табассум қилиб.

Mein Kind und die Welt

Ich trete ein - es ist wie ein Gedicht
Meine Tochter bewegt im Schlaf die Lippen
Ich gehe - die Welt zieht mich hinaus
Sie nimmt mich in Empfang.

Ich kenne die Unrast dieser Welt und Zeit
An Vorsicht ist mein Herz gewohnt
Heute wenn mein Blick nach draußen schweift,
scheint die Welt zu schlafen.

Mein Kind ist meine - eine reine Welt
Mit leichtem Atem lächelt es im Schlaf
Wäre doch die Welt ein Kind
Liebte doch die Welt mein Kind.

Für mein Kind bin ich der Vater
Für die Welt bin ich das Kind
Meine Seele brennt für beide
Sind sie ohne Ruhe, schmerzt mein Herz
Sind sie fröhlich, kehrt in mir die Stille ein.

Ich trete ein - meine Tochter ist erwacht
Ihre kleinen Hände hält sie mir entgegen
Ich führe sie hinaus in diese Welt
und beide blicken sich mit einem Lächeln an.

1.

Нима ҳам бор эди умиддан ўзга,
Саҳрода сарғари воз каби так...
Низоҳлар хон бўлиб қоришар сўзга,
Нафратнинг аламли тигнари билан.

2.

Ватанга айланиб қолганди ҳаёт,
Хаёлдан қувдилар, қиндилар сургун.
Саробдек умид ва жавобсиз савол—
Бўғизга тиқилган алам тўла ун...

3.

Сўзларим- бешафқат. Ўзим- бешафқат.
Шафқатсиз зулмга шул эрур жавоб
Ндопат тигини сенгуршан фақот...
Зарбита шул ганим беролатай тоб.

4.

Мен энди қасоста айланиб қолдим,
Меҳр тўла кўксим аламга тўлди.
Кўлимга ҳақиқат шамшири олдим,
Майдонга енкаман. Не бўлса- бўлди!

Was bleibt noch ohne Hoffnung ?
Mein Körper irrt wie Schatten in der Wüste.
Zu schmerzlichen Klingen des Zornes
verwandelt die blutige Zeit mein Wort.

Auf Wolken wandert meine Heimat
Vertrieben wurde ich aus meinem Traum
Ein blinder Spiegel in der Luft
Auf Fragen ohne Antwort drückt
die Hoffnung mir die Kehle zu.

Ohne Schonung bleiben Wort und Geist
Als düsteres Echo - ein erbarmungsloses Joch
Mit Klingen schärfe ich mein Recht
und möchte die Tücke meines Feindes schneiden.

Eine schwarze Wolke über meinem Haupt
Meine Brust - einst erfüllte Liebe
ist nun voll von Schmerz
Den Säbel der Wahrheit nehme ich in die Hand
und gewähre dem Kampf nun Raum und Zeit.

Ёлғизлик бўлади бўлзимдан
Хона - бўш
Ҳаво - бўш
Куёш - совуқ
Орзу кўз учалар умидсизликдан
Бошлайди эртагин
Бесора хаёл...

Einsamkeit schnürt mir die Kehle zu.
Das Zimmer ist leer
Die Luft ist leer
Die Sonne kalt.
Ein Traum reibt mir das Hoffnungslose aus den Augen.
Ein Gedanke schwebt mir vor
Und beginnt, sein Märchen zu erzählen...

ер шари кипригим устида,
Юролмаён кўзимни юммоқдан.
У тиниқ туйғулар тусида,
Орзулар тусида кулмоқда.

Орзулар тусида кулмоқда
Кўзларим нуридан нур олиб.
Бағримга ишонолар тўлмоқда,
Турибди киприкка қўнволиб.

Бағримда ташвишлар тўлдини...
Тўлдина кўзларга ўтмасин.
Тарк этай, майлига, уйқуни,
Киприклар силкиниб кетмасин.

Истиқбол, қаршингда турибман,
Бағрингга борурман охиста.
Хаёлман. Бугунман. Фардоман.
ер шари кипригим устида.

Auf meinen Wimpern trage ich die Welt
Ich habe Angst, die Lider zu bewegen,
So transparent und ruhig liegt sie da
Und lächelt wie im Traum und voller Hoffnung.

Sie lächelt wie im Traum und voller Hoffnung
Und nimmt die Farbe meiner Blicke an
Allmählich macht sie meine Seele stark
Und selbstbewusst. Die Welt auf meinen Wimpern.

Es fließt ein Sorgenstrom durch meine Brust;
Ich hoffe, er erreicht mein Auge nicht.
Müsst ich dem Schlaf entsagen, würde ich es tun,
Wenn nur die Welt nicht von meinen Wimpern fällt.

Hier bin ich, und ich stehe vor der Zukunft
Und gehe mit offenen Armen auf sie zu.
Ich bin die Zeit, das Heute, ein Gedanke,
Auf meinen Wimpern trage ich die Welt.

* *

*

Бир кун мени ундиради муҳаббат,
Бир кун мени нафрат ундирор...

Eines Tages sterbe ich an meiner Liebe.
Eines Tages tötet mich mein Hass...

Кўркаман. қоғаман. изнайман илоҳ—
Севгинг сиртмоғидан, севгинг домидан.
Нега шундай бўлди? Қандай эҳтиёж—
Бу ҳолга дуч қилди умрим шомида...

Бешафқат жаллодман ўзимга ўзим,
Кундага тортаман ҳар кун бошимни.
Оғир хўрсиниқда айланиб кўксим—
Бўғзимга қадалди фарёд тошини.

Гоҳир ён қанб фармони. Андиша—бир ён.
Сан томон тапгиниб—сендан қоғаман.
Маюс нигоҳлардан изларкан имкон—
Шаҳаннам ўтига кўксим осаман...

Ich fürchte mich und laufe weg. Versuche
Dem Fangarm deiner Liebe zu entkommen.
Warum muss ich an meinem Lebensabend
Noch diese fürchterlichen Qualen leiden?

Ich bin mein eigener gnadenloser Henker,
Leg`Tag für Tag den Kopf unter das Beil.
Ein schwerer Seufzer tönt in meiner Brust,
Ein Schrei steckt wie ein Stein in meiner Kehle.

Mein Herz befiehlt es, doch ich schäme mich.
Ich will zu dir und laufe vor dir weg.
Ich kann die Trauerblicke nicht ertragen.
Ins Höllenfeuer werfe ich mein Herz.

Муҳаббатли гўн осмони тўла юлдуз,
Ой-юлдузлар аро мени, мендек мени.
Вақли бостан ҳаёл урар ўзин ҳарён...
Кел, эй тақдир, сенга қолди энг сўнгги сўз.

Айтай десам дардларимни типларми қум,
қумдек тузиб боралбман бунда ўзим.
Долға-долға сол ҳавор ўрқда лавшум...
Кел, эй тақдир, сенга қолди энг сўнгги сўз.

Вамуҳатли дуне мендан нима истар,
Наҳот эзгу орзуда қам бўлса ҳотар.
Пафрим учун давр ойнаси, кетсин бадар...
Кел, эй тақдир, сенга қолди энг сўнгги сўз.

Латофатли диёр, дилкаш ёрдин жудо,
Чўн бағрида ёлғиз ўзим ойта ҳамро,
Улишларим қумдек тузиб берар садо: —
Кел, эй тақдир, сенга қолди энг сўнгги сўз.

Узоқларда қолиб кетди даврон саси,
юрт боғида хоплар аро энг нокаси,
Наҳотки йўқ эрк ўлининг бир сараси...
Кел, эй тақдир, сенга қолди энг сўнгги сўз.

Am weiten Wüstenhimmel stehen Millionen Sterne,
Und traurig wie ich selbst spaziert der Mond vorbei.
Ein ängstlicher Gedanke findet keine Ruhe...
Was soll`s. Das Schicksal hat ja doch das letzte Wort.

Ich möchte schreien...Es hört doch nur der Sand.
 Ich bin in dieser Wüste selbst wie Sand.
Am Horizont sehe ich dunkle Schatten
wie hohe Wellen tanzen...
Was soll`s. Das Schicksal hat ja doch das letzte Wort.

Was will denn diese fürchterliche Welt von mir?
Sind meine Träume denn für sie Gefahr?
Als sie mich singen hörte, wollte sie mich töten...
Was soll`s. Das Schicksal hat ja doch das letzte Wort.

Ich bin von meinem Land und meiner Frau getrennt.
In dieser Wüste bin ich einsam wie der Mond,
Und meine Hoffnungen zerstreut der Wind wie Sand...
Was soll`s. Das Schicksal hat ja doch das letzte Wort.

Von ganz weit her höre ich die Donner meines Lebens.
Der Rabe kreist schon gierig über meinem Land.
Gibt es denn keinen Ausweg, keinen Weg zur Freiheit?

Дунё кўриб, бағрим тўниб яшолмадим,
Бунда ёрсиз ғам саҳросин ошолмадим.
Жоним тикиб ҳақ йўлини очолмадим...
Кел, эй тақдир, сенга қолди энг сўнгги сўз.

Армонларим тузиб ётган чунга қолдим,
Хаёлларим ой ортидан йўлга солдим,
Не бўлсада сенга боқдим, улмо олдим...
Кел, эй тақдир, сенга қолди энг сўнгги сўз.

Was soll`s. Das Schicksal hat ja doch das letzte Wort.

Hier bin ich nun, und meine Träume toben wie
Ein Sandsturm. Die Gedanken reisen auf den Mond.
Auf dich habe ich vertraut, auf dich habe ich gehofft...
Was soll`s. das Schicksal hat ja doch das letzte Wort.

Борлиқни босганда қаро тун
Бағримга отилиб кирган ой—
Қандайлар ҳаёлсан мен учун...
Гоҳ-армон. Гоҳ-ором. Гоҳ-ором.

Орзудек қалбимни эркалаб
Тафтингга тортурсан, гулгорсан.
Шивирлаб, бағримга ўт қалаб—
Борлигим қўзғорсан, тўлғорсан.

Навога айланган ҳар нигоҳ—
Нурлари сипайдир кўксимни.
Сипайдир... титрайдир у ногоҳ...
Пардалар қоплайдир кўзимни.

Узиккан юрагим бетоқат.
Айрилиқ вақтидан руҳ бехол.
Хаёл- бор умиддан баҳраманд...
Бағримга отилиб кирган ой.

In dunklen Nebel war die ganze Welt gehüllt;
Da lagst du voller Zärtlichkeit in meinen Armen.
Ein leuchtender Gedanke wurdest du für mich;
Warst einmal süßer Schmerz, ein anderes Mal Genuss.

Du ziehst meine Gefühle an dich. Wie im Traum
Ist es, wenn du sie streichelst und in Wärme hüllst.
Und wenn du flüsterst, wirfst du Flammen in mein Herz,
Weckst meine Sinne und versetzt mich in Erregung.

Und zärtlich streicheln deine Augen meine Brust
Und mein Gesicht, und jeder Blick ist wie Musik.
Da fangen deine Augen plötzlich an zu zittern,
Und ein geheimnisvoller Nebel trübt den Blick.

Voll Trauer schlägt mein Herz und findet keine Ruhe.
Die Seele zittert, denn sie ahnt die nahe Trennung.
Da fassen die Gedanken wieder neue Hoffnung...
Und du liegst voller Zärtlichkeit in meinen Armen.

Дайди итнинг ўлими

Бемалол ўлабер. Эркинг ўзингда.
ҳечким ачинмайди жонингни кўриб.
ҳаётга тўймаган икки кўзингда –
сўнгги умид нури бормоқда сўниб.

Қийқирлаб кулади устингда ой ҳам,
энди уб тортгани етмайди қурбинг.
кўзингга оё кўзин тиккан оё бу дам –
гирдингда айланиб юрибди қузгун.

Истагинг шу эди. Оқибат ҳам шу.
эганг йўқ. занжир йўқ. йўқдир бўйинбоғ.
кўпларга бегона сендаги туйғу –
ўзингга уйқудек осмонда қузгоз.

Ким кулар. Ким қилар балки надомат.
бу – бошқа масала. бошқа муаммо.
сенга кафан бўлиб қолади фақат –
Опишиб топганинг – шу эксиз дунё.

Эрк йўли курашир. Эрк йўли – ўлим.
сарҳад – йўқ. Сарҳади – жонинглар учук.
...мен сендан қўрқаман. кўзларингни юм,
чунки биламану, тирикман ўзим.

Tod eines streunenden Hundes

Stirb friedlich. Darin bist du frei. Kein Mensch
Wird dich bedauern, wenn er dich so sieht.
In deinen Augen, die so hungrig waren,
Erlöschen leise schon die letzten Funken.

Der Mond steht über dir und lacht und kichert,
Denn lange heulst du ihn wohl nicht mehr an.
Er taucht voll Gier in deine müden Augen...
Schon kreist der schwarze Vogel über dir.

Das war dein Wunsch. Nun hast du es erreicht.
Bist ohne Herrn. Kennst Ketten nicht und Leinen.
Dieses Gefühl ist vielen fremd, und es
Umarmt dich wie ein Königreich, das schläft.

Auch Tadel und Gelächter kannst du hören?
mag sein; das ist ein anderes Problem.
Als Totenkleid dient dir nur diese Welt,
Die du im Leben dir erobert hast.

Der Weg der Freiheit ist ein Weg des Kampfes,
Ein Weg des Todes. Grenzen kennt er nicht.
Ich fürchte mich, schließ doch die Augen, bitte...
Ich kann dich zwar verstehen, doch ich - ich lebe!

Охрид кўли сайрида
ўйлаганларим

〜

Мен на ибтидоман ва на интиҳо,
Кетурман, кетурман, қилурман нидо.
Бегона эмасман. Бундан далолат—
Кўксимдан ўқ каби отилган нидо.

Дунё—оғриқ вужуд. Дунё—ҳаёшон.
Не эзгу ҳаёллар бағрида сарсон.
Сен эса умидни нигоҳсан бу он...
Борлигинг тебратар қутлуғ муддао.

Мавжларинг сеҳрли. Илоҳий ғазал.
Ким ўқир. Ким ўйноқ ишвангга маҳтал.
Гар ёниб ҳасратлар қилурман ҳар гал—
Сенга ҳеч бир дардни қурмасман раво.

Кўксингни савқатиб замонлар ўтар.
Тоғ ундай, тоғ бундай карвонлар ўтар.
Не-не орзулар ҳам ормонлар ўтар...
Нетарсан, ҳаёт—бу шундайин сабо.

Кечир, мен бемаҳал дардимни очдим,
Тўлғондим, тўлғондим. Сўзларим сочдим.
Эй, қалбим мавжидан огоҳ тилмосим—
Сени боболардан ўрасин худо.

〜

Gedanken am Ufer des Ochridsees

Ich bin nicht Anfang und nicht Ende
Ich komme, ich gehe, ich rufe laut
Für dich bin ich kein Fremder
Ich vertraue dir meine Klagen an.

Die Welt ist ein schmerzlicher Körper
Zu viele Träume quälen sich in ihrem Arm
Du bist ein Augenblick der Hoffnung,
in in dem sich die Verheißung wiegt.

Deine Wellen sind wie heiliger Gesang
Anmutig bezaubert deine Melodie
Mit brennender Zunge spreche ich zu dir
Und weiß du kannst es ertragen.

In dir verliert sich alle Zeit
Viele Karawanen ziehen vorbei
mit ihrem Traum und ihrem Leid
Du kannst ihr Schicksal nur verfolgen.

Verzeih mein Weinen und mein Klagen
Wirf mein Wort in deine Wellen
Du, Hörer und Zeuge meiner Seele
Gott halte dich von allem Unglück fern.

Сфинкс қошида

Номлари тарихда қопмаган қуллар,
Нимларсиз? Дунёнинг иши йўқ, аммо—
Руҳингиз саҳрода ҳамон увванар...
Гирдоб- ўпларингиз уфурар само.

Орзу қилганлирсиз епканлис кунб,
Шу қуёш остида, шундайин онлар...
Баъзан жонингиздан кетганда тўйиб-
Қилгансиз кўп сўзиб кўкка фиғонлар.

Армонга айланган зоғида ҳаёл-
Уксиниб тошларга урғандирсиз бош.
Кулиб боқмагандир биронта аёл,
Фақат тақдир бўлган сиз учун таош...

Балки шу тақдирга қўйғансиз ҳайкал,
Тош кўзли Сфинкс- қулликка нафрат.
Қуёш ҳам унга нур сепмоқдан аввал-
Юзи қирмизланар... Булар бетоқат.

Бугуннинг қуллари - нафратдан йироқ,
Келурлар. Томоша қилурлар улар-
Вақтли кўринган шу тошни кўпроқ...
Биппаслар. Гирдида- руҳингиз увлор.

7

Vor der Sphinx

Namenlos bleibt ihr in der Geschichte, Sklaven
Wer seid ihr? - Verloren für die Welt.
Aus dem feinen Wüstensand ruft euer Geist
Eure Gedanken sind Windrosen über dem Horizont.

Lautes Stöhnen waren eure Tage
Von Sonne verbrannt die Haut
Die Hände zum Himmel gestreckt,
klagtet ihr über die Unerträglichkeit der Zeit.

Durch schlaflose Nächte wandelte der Traum
Gegen Steine fielen eure heißen Köpfe
Keine Liebe, keine Frau, kein Lachen...
Der Lohn war nur Erniedrigung.

Erhebt sich dieses Denkmal über das Schicksal der
Menschen?
Spricht aus den steinernen Augen der Zorn über die
Sklaverei?
Die Sonne wirft ihr Licht über die Sphinx
Von Scham erfüllt, erstrahlt diese im rötlichen Schein.

Und heute, Sklaven, steht ihr vor dieser Sphinx
Die Hände hebt ihr an das Denkmal
Ins Grenzland drängt ihr Zorn und Recht
Euer leises Stöhnen könnt ihr nicht hören.

Лоттага

Қаёққа борамиз... Тоғ йўли оғир.
Менга осон эмас. Синиқлар нафас.
Гуллар ҳам бегона. Дарахлар сағир.
Дунё - дунё эмас. Дунё - тош қафас.

Кўнгилдан тортасан. Кутасан фақат.
Ахтраб етолмайсан нимадир ҳомил.
Қаёлинг дунёси - бошқа бир қилъат...
Кўзларинг ёниши - этган забоин.

Гўзалдир... гўзалдир. Йўқ сира гумон.
Шавкинг ўриндидир. Селгинга арзир.
Аммо мен мусофир ўйида бу он -
Онис юрт тоғларин қуёшли тарзи.

Кечир сенга ҳомил туюлса занат.
Кечир, кел, эркалаб қувғаман.
Аммо онис юртим горлаган фурсот -
Барча гўзалликни ташлаб уевман.

Für Lotte

Wohin gehen wir? Steil ist der Weg in den Bergen
Ich höre meinen schweren Atem
Fremd und schön die Blumen, wie Waisen die Bäume
Für mich ist die Welt ein Trugbild ihrer Schönheit
Ich betrachte das Bild durch ein Gitter aus Stein.

Du führst mich an der Hand und lächelst
Du kannst mich liebevoll erahnen
Dein erdachtes Bild gleicht nicht dem meinen
Nur ein Blick in deine Augen ist für mich das Mögliche.

Schönheit, ohne Worte, ohne Zweifel
Ich weiß, den Augenblick belohnt die Liebe
Doch meine Gedanken irren wie Fremde in der Zeit
Über hohe Berge blicke ich in ein weites Land.

Verzeih mir, einem verlorenen Blatt im Wind
Komm, ich möchte dich zärtlich umarmen
Doch ertönt der Ruf aus meiner Heimat,
löse ich das Band aller Schönheit und
ich gehe.

* *
 *

... Бениз айтганлар, ана худолар
Худонинг ердаги соеси бўлур.
                        А. Орипов.

Кавбанг бели оқ уй эди, бу гап бор,
Қаж жиндине, бошси бареата ошкор,
Бетоҳорат хожи бўлсанг ҳам айтай,
Худонинг соеси эмас ҳукмдор.

Билмаган нарсангга қилмасин даъво,
Бош китобда бу гапдан йўқ ҳеч садо,
Ўз фойдангга кўтарсанг ҳам шум табло —
Худонинг соеси эмас ҳукмдор.

Сонларга, тўғра, таъзимкор ўзинг,
Шу билан мўл бўлди пул, нону-тузинг,
Нимто гапиятидтин ўзгалар кўзик...
Худонинг соеси эмас ҳукмдор.

Бутун юртни хароб қилса, хор қилса,
Етимларни бурда нонга зор қилса,
Кенг дунёни ул кўзига тор қилса —
Худонинг соеси эмас ҳукмдор.

Сен сўзингни билиб-билмай сўйладинг,
Энг аввало ўз нафсингни ўйладинг,

Das Haus des Präsidenten ist für dich die Kaaba.
Auf deinem Hadsch hast du selbst Gott betrogen.
Sag,warum? Und auch wenn man dich heute „Hadschi"
nennt -
Der Herrscher ist nicht Allahs Schatten hier auf Erden.

Du sprichst doch nur von Dingen, die du nicht verstehst.
Mit keiner Silbe wird das im Koran erwähnt.
Und wenn du sprichst, dann nur, weil es dir Nutzen
bringt...
Der Herrscher ist nicht Allahs Schatten hier auf Erden.

In Wahrheit dientest du doch stets nur diesem Schatten
Und bist auf diese Weise satt und reich geworden.
Versuche nicht, die Augen anderer zu blenden...
Der Herrscher ist nicht Allahs Schatten hier auf Erden.

Das ganze Land ist nun zerstört und hat sich in
Ein Nichts verwandelt. Für sein Volk ist es ein Käfig.
Die Waisen haben nicht einmal ein Stückchen Brot...
Der Herrscher ist nicht Allahs Schatten hier auf Erden.

Du weißt vielleicht, wovon du sprichst, vielleicht auch
nicht.

Шу билан кунингни қонга бўлдинг...
Худонинг сояси эмас ҳукмдор.

Соя деб сузндинг кимларга, аммо—
Барёаси халқ қарғишига мубтало.
Сен шулардан ризқ сўратан бир гадо—
Худонинг сояси эмас ҳукмдор.

Denn wenn du sprichst, denkst du doch immer nur an
dich.
Das Blut von Unschuldigen klebt an deinen Händen...
Der Herrscher ist nicht Allahs Schatten hier auf Erden.

Und welchen Schatten du auch immer dientest, sie
verdienen es, dass sie das Volk verflucht. Und du
Verehrst sie weiterhin und hoffst, belohnt zu werden...
Der Herrscher ist nicht Allahs Schatten hier auf Erden.

Als Antwort auf die Verse von Abdullah Oripow, eines
Dichters, der in der Gunst des
usbekischen Präsidenten Karimow steht und über ihn folgendes
schreibt:"...Nicht umsonst
sagt man, dass der Herrscher der Schatten Allahs auf Erden
ist."

Кетаман. Кетаман. Кетаман.
Бу ўтай дунёда нетаман...

Кетаман бутунлай бош олиб,
Бош олиб, кўзимга ёш олиб.
Мен энди онамман, ғазабман,
Кетаман қўйнимга тош солиб.

Нафратдан ўкириб... ўкрагим,
Ўт эмиб, ўт сочсин кўкрагим,
Тош ютиб, тош қотсин юрагим...
Кетаман руҳимда ҳаса қолиб.

Ғанимга бош эгиб турганлар,
Ўрганда ор ўпиб юрганлар,
Ўз элин қулликка бурганлар...
Кетаман мен сизга мухолиф!

Кетаман. Кетаман. Кетаман,
Бу ўтай дунёда нетаман...

Ich gehe fort, ich gehe für immer fort.
Ich kann in dieser fremden Welt nicht leben.

Ich gehe fort von hier, und zwar für immer.
Für immer und mit Tränen in den Augen.
Hier bin ich nur zu Hass und Schmerz geworden.
Ich gehe - mit einem Stein unter meinem Arm.

Noch ist mein Durst nach Rache ungestillt.
Erst wenn mein Herz den schweren Stein geschluckt
Und selbst zu Stein wird, kann ich Feuer speien
Und meine Wut der ganzen Welt verkünden.

Und ihr, die ihr euch vor den Feinden beugt
Und ihre Füße küsst, wenn sie euch schlagen,
Die ihr das Volk verraten und versklavt,
Ich will nicht sein wie ihr, ich gehe fort.

Ich gehe fort, ich gehe für immer fort.
Ich kann in dieser fremden Welt nicht leben.

Дунё бизники

Дунё шундай бугун: ишонг, эътиқод-
Турни курашлардан топади маъно.
Токи биз эканмиз ер узра ҳаёт...
Сира инкилонкай қилмиз даъво:
   — Биз инсонмиз, демак-
        дунё бизники.

Онимлар тонггача юммасдан кузин
Унинг қисматини этарлар тадбир.
Кеча не ўтгану, эрта не позин...
Режалар муқаддам бошлаи тадбир.
   — ҳа, инсонмиз, демак-
        дунё бизники.

Носирлар, нозимлар тинмайди бир зум
Унга бермоқ бўлиб ҳаёлий бир ранг.
Башар бир-бирига қилади зугум,
Тортишар... Тортишар ҳолин қилиб тенг:
   — Биз инсонмиз, демак-
        дунё бизники.

Уфқлар ортида солар ҳокли,
Уфқлар ортида ҳоллар ҳокли,
Қон ва ўт ичида ойлангонлар ҳам
Гуё зайқиради ҳар солиб бу дам-
   — ҳа, инсонмиз, демак-
        дунё бизники.

Für uns ist diese Welt

Unsere Epoche heute: Glaube, Überzeugungen
In Kämpfen suchen sie nach ihrem Sinn
Ein Leben auf Frist
Doch ein Anspruch ohne Zweifel:
      - Wir Menschen
      Für uns ist diese Welt

Gelehrte - des Nachts mit offenen Augen
berichtigen die Zukunft und die Zeit
Was gestern war - was morgen kommt...
Unübertrefflicher Entwurf des Schicksals
      - Wir Menschen
      Für uns ist diese Welt

Hinter dem Horizont - blutige Schatten
Hinter dem Horizont - blutige Felsen
Gestank von Feuer und von Asche
Wie schreien sie in diesem Augenblick
      - Wir Menschen
      Für uns ist diese Welt

Grenzenlose Kraft des Menschen
Selbst der Himmel beugt sich ihr
Zum Besitztum wird die Erde
Stolz erheben sie die Stimmen
      - Wir Menschen
      Für uns ist diese Welt

Ҳа, инсон қудратин асло секи йўқ,
Унга бош эгмишдир сиғдон самовот.
Замонку бизники, бундон кўнгил тўқ,
Айтсак ҳам арзийди зубониб ҳайҳот:
    — Ҳа, инсонмиз, демак —
            дунё бизники.

Ер узра баробар нур сочмас қуёш,
Бунинг ҳам тақдири мулкиндир, бироқ —
Нзврда қилмасак орада талош,
Нитолсак орага солмасдан нифоқ:
    — Ҳа, инсонмиз, демак —
            дунё бизники.

Вужудга ойнонтон умидим узлар,
Оддий белонсақда кўриб ширин туш.
Эшилмаяр... эҳтимол у мендон қувор,
Гўё дер: „мунса ҳам қилмасанг ташвиш...
        Биз инсонмиз, демак —
            дунё бизники.

Замон шундай бугун: ишонч, эътиқод,
Ва умид курашдон излайди мавно.
Бугун-мен, Эрта-сен уқансан ҳаёт —
Сира иккипаншай қилмайиз даъво:
    — Ҳа, инсонмиз, демак —
            дунё бизники!

Sonnenlicht - ungleich verteilt auf Länder
Alles kann verbessert werden,
wenn nicht mit Diebesgut gehandelt wird
Ohne Feindschaft hört man rufen:
    - Wir Menschen
    Für uns ist diese Welt

Ein Körper - meine Hoffnung
die in der Wiege schläft und träumt
Sie lächelt - lacht mich aus
Als würde sie sagen - warum die Sorge
    - Wir Menschen
    Für uns ist diese Welt

Unsere Epoche heute: Glaube, Überzeugungen
Die Hoffnung wirbt im Kampf für ihren Sinn
wenn ein Ich dem Du die Hand zum Leben reicht
mit Anspruch ohne Zweifel
    - Wir Menschen
    Für uns ist diese Welt

мен - овозман. Емиб бўлмас овозни.
мен - овозман. Қолиб бўлмас овозни.
Ҳармонечким таъланмасин кўпнаклар-
фойдаси йўқ. Қолиб бўлмас овозни.

Meine Stimme - sperrt sie nicht ein.
Nie werden sie diese mit dem Schwert zerschlagen.
So sehr sich tolle Hunde auf mich stürzen,
Niemals wird mich ihr Biss zum Schweigen bringen.

Анор холанинг армони

Шунга тез ўзгарди бу дунё,
ҳеч ким эртак эшитмай қўйди.
Тўксон олти йиллик муаммо –
Пешонамга муҳрини қўйди.

Ўтир, болам, тузуксан ўзинг,
Кўп нарсага ақлинг етади.
Ўйлаб кўрсам қанчалар сўзим–
Нйтиппасдан қолиб кетади.

„Кипие хора" ҳамда „Нурсони",
„Кўктош попбон", „Гилла қозонни"
Ўзим билан кетмайин олиб,
Эртакларсиз замон – замонми?

Эшит, болам, ўтир, омон бўл,
Кўп яшадим. Дунёга тўйдим.
Тўхта, қайга опалбсан ун...
...ҳеч ким эртак эшитмай қўйди.

Tante Anar`s Schmerz

Schnell ändert sich die Welt
Niemand will mehr Märchen hören
Die Last von 96 Jahren drückte
ihren Stempel auf meine Stirn.

Setz dich, mein Sohn, du bist schön
In deinem Gesicht spüre ich Verstehen.
An meine vielen Worte denke ich
Was bleibt, was geht,
wenn sich der Tod mir nähert ?

„Der schwarze Säbel" „Der Lichtmensch"
„Der blaue Stein und „Die goldene Pfanne"
Sie werden sie vergessen, wie man mich vergisst
Ist ein Leben ohne Märchen denn ein Leben ?

Hör zu, setz dich, mein Sohn,
Tu mir den Gefallen !
Überdrüssig bin ich dieser Welt
Bleib doch, wohin gehst du ?
Niemand möchte mehr ein Märchen hören.

„Der schwarze Säbel" „Der Lichtmensch" „Der blaue Stein"
„Die goldene Pfanne" : Bekannte usbekische Märchen

Гарди нигоҳларда яширин армон,
Руҳ аро тебронар саробдек муҳит...
Саробдек муҳитга куз тикиб замон—
Орзуда орзуманд Боймирза ҳайит.

Ҳаста жон пардасин севди хаёл,
Тақдир-кон нибосда сақлайди сукут...
Бағри доз сукутга кептириб забон—
Дунёни кезади Боймирза ҳайит.

Бу дунё—бор дунё. Эмасдир ёлғон.
Орзулар улмаган. Улмаган умид...
Укирса титроққа тушгудек замон—
Кекса арслон каби Боймирза ҳайит.

Ҳасратли кўксида ҳасратли ватон—
Туркистон-иймони. Умрига шоҳид...
Ўзида, сўзида, кўзларида шавн—
Эл эркин этгади Боймирза ҳайит.

Эътиқод-нигоҳда. Кулиб турибди.
Хаёл-бор. Ишонч-бор. Руҳ аро собит—
Шоҳруҳ Туркистонни опиб юрибди
Армонни кўксида Боймирза ҳайит.

Baymirza Hayit

In den Augen ein versteckter Schmerz
Der Geist bewegt im Spiegelbild der Luft die Sinne
Mit Hoffnung blickt er auf dieses Bild
Im Traum verträumt Baymirza Hayit.

Gedanken lüften den Schleier des Leides
Schweigsam verharrt das Los im blutigen Kleid
Eine unheilvolle Stille macht sich breit
In dieser Welt lebt Baymirza Hayit.

Greifbar ist die Welt. Nicht Lug und Trug
Noch lebendig sind die Träume und die Hoffnung
Erschüttert lauscht die Welt der Stimme
eines Löwen. Es spricht Baymirza Hayit.

Ein trauriges Herz - eine trauernde Heimat
Turkestan ist Zeuge und Gewissen seines Lebens
Aus ihm, aus Worten und den Augen
sprüht das Feuer
Des Volkes Traum nach Freiheit
trägt Baymirza Hayit.

Im überzeugten Blick - ein Lächeln
Ungebrochen seine Seele und sein Glaube
Du, verwundetes Turkestan, du wirst getragen
im brennenden Herzen von Baymirza Hayit.

Ҳаволарга айтиб сўзимни
Нриюн доги билан ўрайман.
Вақт босиб борар кўксимни...
Энди бошим қайға урғайман.

Дунё- сўнук. Дунё- қоронғу.
Диним- ўксук. Ёришмайди у.
Сув ҳам оту. Ҳаво ҳам оту...
Энди бошим қайға урғайман.

Орсизларга бегона орим,
Зорсизларга етмайдир зорим,
На уйим бор ва на мозорим...
Энди бошим қайға урғайман.

Ватаним бор. Ватаним- фиғон.
Элим сарсон. Ҳайрон. Саргардон.
Ининши- нон. Қаёли- имкон...
Энди бошим қайға урғайман.

Қайдасан, эй қотоқ афонат,
Гар бор бўлсанг юзингни кўрсат.
Мудҳиш тақдир бўлди бешафқат...
Энди бошим қайға урғайман.

2

In leere Räume ruf ich meine Worte
Dunkle Farbe gießt der Schmerz auf Träume
Furcht ergreift mein Herz...
An tote Wände schlägt mein Kopf.

Die kalte Welt löscht aus das Licht
Der Geist verbrennt in seinem Feuer
Wie Gift sind Erde, Luft und Wasser
An tote Wände schlägt mein Kopf.

Fremd bleibt mein Gewissen den Gewissenlosen
An Ignoranten prallt mein Kummer ab
Kein Haus - Kein Grab
An tote Wände schlägt mein Kopf.

Meine Heimat ist ein Stöhnen
Mein Volk, es wandert im verlorenen Land
Sein Tagtraum - ein Stück Brot ...
An tote Wände schlägt mein Kopf.

Wo bist du, flüchtende Gerechtigkeit?
Zeige dein Gesicht wenn es dich gibt!
Erbarmungslos wird der Tag zur Nacht
An tote Wände schlägt mein Kopf.

Бир ховуч тупроқ олсам қўлимга
Юрагимни зирдек эзади.
Бор армонин тўкиб кўнглимга
Қалб сотхига доғин чизади.

Қалб сотхига доғин чизади,
Қайиради хаёл қанотин.
Уйларинни тўс-тўс бузади,
Тавкид билан атайди отин.

Тавкид билан атайди отин,
Типирчилаб қолади хаёл.
Сўнг тинчийди. Сўрар қанотин
Қалбим эса доғи билан нон.

Қалбим эса доғи билан нон,
Бош эгашан паришон ва жим.
Шу он ховучим аро бемажол—
Инграгандай бўлар аллаким...

Инграгандай бўлиб аллаким
Юрагинни зирдек эзади.
Хаёл тупроқ узра кезиб жим—
Қанотларинг шаклин чизади.

Erde in der flachen Hand
Mein Herz erdrückt von Last
Unerfülltes streunt im Geist -
zeichnet Wundbrand auf der Seele.

Der Wundbrand auf der Seele
zerbricht den Flügel eines Traumes
In Gedanken nistet die Vernichtung
Kein Name benennt mehr einen Namen.

Kein Name benennt mehr einen Namen
Das freie Wort erstickt im Schrei, dann Stille
Stille, die den Flügel sich zurückerbittet,
die Gedanken wieder fliegen lässt.

Gedanken mögen wieder fliegen
Ich beuge meinen Kopf und schweige.
Aus meiner Hand ertönt ein Ruf
Ich höre jemanden stöhnen...

Ich höre jemanden stöhnen...
Spüre mein Herz erdrückt von Last
Gedanken steigen aus der Erde
Das Bild des Flügels löst sich aus den Spuren.

Хаёлимда сайрайди бир қуш,
Ороминни бузиб сайрайди.
Хаёлимда сайрайди бир қуш,
Юрагимни узиб сайрайди.

Тўзонларда тўзғиган ҳардим
Нига-айта йиғлайди бир қуш.
Ушалмаган орзуйим, аддим—
Куйлаб кўксим тиғпайди бир қуш.

Хаёлимда куйлайди у қуш—
Ўзим унут қилган байтинни.
Хаёлимда куйлайди у қуш —
Ўлиб кетган муҳаббатинни.

Армон бўлиб қийнайди бир қуш...
Ундан кўлим ювмасам бўлмас.
Қийнашини қўймаса у қуш —
Хаёлимдан қувмасам бўлмас.

In meinen Gedanken singt ein Vogel
Singend zerreißt er meine Stille
In meinen Gedanken singt ein Vogel
Singend zerbricht er mir mein Herz.

Stürme rissen meine Geduld entzwei
Um den Verlust weint nun der Vogel
All dein Wunschtraum und dein Streben - ein totes Korn
Singt er und verletzt so meinen Geist.

In meinen Gedanken singt ein Vogel
Mein Lied das ich schon längst vergessen
In meinen Gedanken singt ein Vogel
Um die Liebe, die gestorben ist.

Wie ein unerfüllter Traum quält mich sein Singen
Wie Schmutz muss ich ihn von den Händen waschen
Macht er meinem Schmerz kein Ende,
muss ich ihn aus den Gedanken jagen.

Энди сени тинглайман фақат
Кўкрагингга бошимни қўйиб.
Туганди куй. Туганди тоқат...
Кетдим оғир жонимдан тўйиб.

Недан келдим, кимга бош эгиб—
Сарсон кездим кўлу - денгиз, тоғ...
Юракларим қабариб кетди
Сени излаб топгунимга то...

Энди сени тинглайман фақат...

Jetzt höre ich endlich nur noch dich, sonst nichts.
Hab` meinen Kopf auf deine Brust gelegt.
Das Lied ist aus, das Leiden hat ein Ende...
Mag sein, was will; ich habe längst alles satt.

Eh` ich dich fand, versuchte ich zu fliehen.
Wovor? Ich habe Land und Meere überquert,
Und immer diese schwere Last auf mir...
Mein Herz ist nun ganz hart und voller Schwielen.

Jetzt höre ich endlich nur noch dich, sonst nichts.

Autoren/Presse-Stimmen

,, In den Gedichten des usbekischen Lyrikers Jodgor
Obid, die ich in Nachdichtungen gelesen habe, spüre ich
das Talent, in dem markant sowohl die orientalische als
auch die europäische Philosophie dargestellt wird. Seine
feinen Metaphern, die aus einer Sprache in die andere
unverändert übergegangen sind, zeugen von der Tiefe
der Empfindungen des Poeten. Jodgor Obid ist nach
meiner Meinung einer der bedeutendsten gegenwärtigen
Dichter Usbekistans."

(Andrej Wossnessenski, Moskau)

,,Ich habe keine Möglichkeit, Jodgor Obid im Original
zu lesen, aber aus den Übersetzungen sind ein scharfer
poetischer Gedanke, das Gefühl des Nationalkolorits zu
spüren. Er ist ein Dichter von Gottes Gnaden."

(Bella Achmadulina, Moskau)

,,Die Gedichte von Jodgor Obid begann man in
Russland erst zu übersetzen, als der Sowjetstaat
zusammenbrach. Eben weil er kein sowjetischer und
kein kommunistischer Dichter war, drangen seine
Gedichte aus Usbekistan nach Russland nicht durch.

Zwar wird jetzt in Russland nur sehr wenig Poesie übersetzt, und doch ist sein Buch auf russisch erschienen. Das besagt, er ging aus dem Untergrund heraus und fiel sofort in die Ungnade der Machthabenden seiner Heimat, die noch schlimmer als zu Sowjetzeiten sind:"

(Junna Moritz, Moskau)

„Jodgor Obid ist einer der wenigen Dichter, denen es gelang, die usbekische Literatur von der Altlast des Kommunismus zu befreien, sie wiederzubeleben und ihr einen neuen Geist einzuhauchen. Er machte aus einer toten Literatur, die nur noch auf dem Papier bestand, eine Literatur des Volkes."

(Schahongir Muhamed, Taschkent, USA)

Publikationsliste

- Gedichtbände in Usbekistan erschienen:

- Das Märchen vom Schwan

- Der Blick

- Schicksal

- Auf deinen Wimpern Sterne

- Das Gespräch

- Zahlreiche Lyrikübersetzungen ins Usbekische aus dem Französischen,
- Spanischen, Ungarischen, Russischen.

- Gedichtbände in usbekischer Sprache, in Schweden erschienen:

- Die Rebellion

- Bonu

- Übersetzung ins Deutsche:

- Das goldene Schiff, Leykam Graz

- CD seiner Gedichte, gelesen auf usbekisch und deutsch, Götzis